Majakkani, sieluni

60°7'12''N 25°45'50''E

Hanna Koivukoski

Majakkani, sieluni

Kustantaja: BoD – Books on Demand, Helsinki, Suomi
Valmistaja: BoD – Books on Demand, Norderstedt, Saksa
Kannen suunnittelu, kuvat & toteutus: Hanna Koivukoski

ISBN: 978-952-80-0543-8

HAAKSIRIKKO

haaksirikko

tämä saari on vankilani

se, mitä ennen pidin tavoittelemisen arvoisena

mihin kaikessa mitä tein

pyrin, rimpuilin

nämä rannat ovat joka päivä samat

meri, aallot ja se tuoksu

huumaava

nahkakantinen vihko ja kynä

täytyy säästellä mustetta

mutta aikaa on loputtomiin

vuoksi

aallot lyövät majakan seinään

ja peittävät luodon

satojen merimiesten kohtalo

ja kun ympärillä on vain hurjana syöksevää merta,

istun bell rockin viidennessä kerroksessa

nautin olla yksin ja kulkea kerrosten välejä

kukaan ei pääse tänne ennen kuin myrsky laantuu

juon rommiteetä ja kuuntelen

majakanvartijoiden sielujen tarinoita

enkä ole koskaan tuntenut oloani yhtä rauhalliseksi,

täydeksi tai surulliseksi

piirrän ankkurin majakan seinään

astuessani ensimmäistä kertaa ulos torille
puskee kylmyys lävitseni
selittämätön onnen tunne, jota en voi ymmärtää
kun kaikki on hyvin juuri nyt
kunnes sydän jäätyy kiveksi

neljäs päivä saarella

tämä saari käy joka päivä pienemmäksi

tunnen jokaisen rantakiven

olen rakentanut vaatimattoman yösijan

turvapaikan, josta meri näyttää loputtoman kauniilta

haaksirikon jälkeen

päivät ovat olleet tasaisia

toisinaan en tahdo, että minua löydetään täältä

jos jotakin toivoo tarpeeksi alkaa sitä pitää totena

ja unessani minä
käpertyneenä karhun kylkeen suojaksi hiekkamyrskyltä

eikä sydämeni enää ollut
niin kipeä

teehetkiä, kauniita talvipäiviä

sydämen hiljaiseloa

liuskaluoto

sinun laivasi purjehtii lyhdyt sammutettuina

ja minun –

luodolla hiljaa ja yksin minä istun

ei ole ketään eikä kukaan tule

minä rakastan merta

kunpa voisin olla siellä nyt

nämä asiat tahdon pitää itsellä

en puhu

ja kappale jota en tunnista

minä olen unohtanut kaikki soinnut

seitsemän sammunutta majakkaa

palanut aurinko

ja tänään minä rakastuin

jätin taakseni kylmät päivät

vaikka tiesin että kulman takana odottaa

       a

        j

         a

         t

k   u

a   k

r   s

  k   e

   a   t

i

l

e

  e

en vielä tarkalleen tiedä

kun muut taputtavat, me suutelemme

tänään ilmassa tuoksui kevät
ja lokit olivat palanneet

tänään kadun mies tahtoi vaihtaa euron pienempään
väitin ettei minulla ole, vaikka tietenkin on

minulla on kaikkea mitä hänellä ei enää koskaan tule olemaan ja
kaikkea
mistä kuka tahansa olisi onnellinen

silti se ei riitä

tahdon näyttää sinulle yötaivaan
orionin miekat

kietoa ympärillemme tähdistä jokaisen

sillä ilman sinua kompassini ei tiedä missä on pohjoinen

joskus minä

uskoin

kaipuusta

kasvosi tuntemattoman silmissä,

dj:llä sinun liikkeesi

hetken ikävä on murtaa tahdonvoiman,

sanat joita ei olisi ikinä saanut lausua

ja minä tiesin että näin tulee vielä käymään

tulet uniini pyytämättä ja minä

olen lattialla monessa osassa,

käsivarsillasi pidät minua koossa

lähtiessäsi olen taas kokonainen nainen

minä tiesin että näin tulee käymään vielä monta kertaa

rakastella hautausauton takapenkillä

eihän se tarvinnut kuin viisi
komeaa miestä korvaamaan sinut
pyyhkimään huurun jonka jätit ympärilleni

silloin kun ymmärrän etten ottaisi sinua mukaan autiolle saarelle

voi kaikki olla jo ohi ja kaikki

vailla merkitystä

se olo ihoamyötäilevän kukkamekon jälkeen
ei haihdu hetkeä myöhemmin
pitsialusvaatteillakaan

saisinko muistuttaa

että sinä

rakastat minua

ja kun joka toisella askeleella korot uppoavat yhä syvemmälle
kantapäihini

on vaikea muistaa

että minäkin

sinua

jos lähtisin, itkisitkö yöt

niin kuin hänen jälkeensä

näin unen jossa sinä suutelit muita ja minä tunsin pitkästä aikaa

vielä herättyänikin oikeita tunteita

ne olivat kipeitä

kirjoitin ympäri asuntoa viestejä sinulle

maailmassa eniten pelkään menettämistä, epäonnistumista

rakastan sinua vaikka tulisi kylmin talvi

ja kaikki muut lähtisivät

the earth is your heart

ohi taivaankannen
kiitävät puut

pahimmalta se tuntuu silloin kun
tietää ettei edes yrittänyt juurikaan

ei ole kulunut kuin vasta
vähän toista viikkoa
ja se tuntuu kokonaiselta elämältä

eilen lakkasin olemasta

unohduin päiväksi

jotta jaksaisin tänään

etsitään ensin nemo, mennään sitten vasta nukkumaan

kahdeksalta minä istun junassa

eikä minulle anneta tilaa levätä

täällä yksinäni syön aamumuroja illalla

tai päiväruoan keskellä yötä
jos minua huvittaa

kuljen alasti koko päivän

ja kun minä kyllästyn riittää että vaalennan hiukseni uudelleen
makeannälän saa sammumaan joskus yhdellä keksillä

ja kun muistelen mennyttä

oli se se vuosi jolloin erosin kirkosta
ja mun tukka oli musta

silloin luovuin *jostain jota en muka enää mistään saa*

mutta minun silmissäni se poika oli se
elämäni tilaisuus

tietämättömyys on siunaus
sillä
kun se sai nimen, kasvot

kun siitä tuli oikea ihminen
ja huomasin että se onkin kaunis

kun äkkiä olet sen kanssa taas kaveri facebookissa
nousevat selkäkarvani pystyyn

se sun entinen on jokaisessa bussissa johon nousen,
jokaisessa baarissa johon menen

liikennevaloissa joihin pysähdyn

(ja tänään se ilmestyi samalle matikankurssille)

älä anna sen ottaa susta ylivaltaa, toistan ääneen
mutta niin on käynyt jo kauan sitten

ja kuristavat ajatukseni
ovat tiukasti kantapäissäni kiinni

sillä niin on käynyt ennenkin

ajatusteni kalmistoissa
olen sinulle ainoastaan varalle

en enää tahtoisi nukahtaa viereesi

ilkeät lauseet
vaahtokarkin tuoksuinen ilma

usko minua

suudelma ei voi koskaan olla vahinko

vaikka minut on joskus petetty
en tiedä, miltä se tuntuu
en sitä toistakaan puolta

unissani niin käy aina ja se riittää
mutta valveilla en anna itseni kadota,
en anna sinun pettyä minuun

mitä jos en ole sen arvoinen
jos en vain ole

aina jossain joku voittaa
mutta se voi olla aina joku muu

eilen päivällinen seitsemältä
tänään puoli yhdeksän

eikä ketään sanomassa ettei niin voi tehdä
ettei koko viikonloppua voi viettää poistumatta sisältä kuin kerran

olen pitänyt paitaasi jo niin kauan
ettei se enää tuoksu sinulta

olen istunut oven edessä niin kauan
että voin kuulla kaikki käytävän äänet

miehen joka eilen huusi ja hakkasi ovea
asunnon jossa oli vuosisadan juhlat

minua pelottaa olla yksin
kun vanha verkkohissi nostaa tähän kerrokseen
aina jonkun muun

on niin ikävä etten meinaa pysyä kasassa

niin ikävä että sattuu ja minä itken

enkä olisi uskonut enää kokevani tällaista tunnetta

en halua enää asua yksin

en halua herätä niin että sinä et ole siinä

ja nukahtaa tyhjä tyyny vierellä

olen asunut jo yli vuoden yksin

minä en kestä enää

minä en tahdo juoda yksin iltateetä

tahdon läheisyyttä, tahdon toisen ihmisen

tahdon sanoa hyvää yötä ja tuntea kädet ympärillä,

tahdon jakaa iltateen

tahdon sinut

pelkään kertoa että rakastan

minä murrun jokainen kerta,

kun et odota tänäänkään oveni takana

vain kaksi viikkoa siitä kun sanoit tahtovasi olla kanssani

miksi minusta ei tunnu siltä

tahdon että pidät minusta kiinni

niin kuin minä olisin tärkeintä mitä sulla on

sinulla ei ole minulle aikaa

ja jos oikeasti tahtoisit

tulisit luokseni vaikket autolla pääsekään

kutsuisit rakkaaksi, kirjoittaisit profiiliisi olet kanssani muistatko kun maattiin teidän trampoliinilla

painittiin ja suukoteltiin

puhuttiin kuinka vihdoin päästiin tähän että ollaan oikeasti yhdessä

tahdon vain tietää muistatko

hei hei syyskuu

eilen annoin taas kaiken mennä
vaikkei se ole kuulunut tapoihini
enää pitkään aikaan

puhalsin keuhkoistani ulos kaiken sen
rauhallisuuden

ja sitten sinä

"etkö sä vieläkään usko että mä oon aina ollu
hulluna suhun"

tiedän

mutta sinä olet myöhässä

aivan helvetisti myöhässä

kun aurinko laskee ainoastaan
yhden kerran päivässä
on se merkittävä hetki

(suutelin sinua viimeksi tasan kaksi vuotta sitten,
muistatko?)

kun kylmyys pureutuu otsalohkosta sisään

tiedän olen elossa
olen elossa

(sä olisit kerran voinut olla mun elämä)

sinä osuit kipeään kohtaan, paikkaan jota olen
yrittänyt peitellä ja olit oikeassa

minulla on sinua salaa ikävä

mutta tiedän, ettei sinusta olisi jalkojani lämmittämään
ne kylmenevät joka ilta uudelleen

ja illan hämärtyessä

       olen vieläkin se tyttö

joka pyydystää lumihiutaleita kielellään

sanan merkityksettömässä merkityksessä

en enää koskaan tahdo ajautua siihen tilaan
että olen pelannut kaikki korttini

tänään minä tajusin

kaipaan

vieläkin
sitä ketä ei enää pitäisi

ketä ei olisi koskaan pitänytkään

hiljainen

tätä en tahtoisi myöntää
edes itselleni,

mutta minussa on vaimennettu osa
joka tahtoisi pitää ovea kuitenkin raollaan,

sillä se poika näyttää aivan antti tuiskulta
ja sen syli oli minulle kerran avoinna

se sanoi minua prinsessaksi,

tähtisilmäksi

kuparitukkaiselle rakkaudelle

maailma pyörii edessäni

sinä, hiukset tuulessa katsot toiselta laidalta

ja minä olen heikkona sinuun

onnenpyörä pysähtyy kohdalleni

tämä hetki on epätodellista

sinä olet minulle unelmaa, maailman suloisin ginger

ja jos kolme asiaa olisi toisin

en enää yrittäisi pitää etäisyyttä

kahta viikkoa myöhemmin istun kahvikuppikarusellin ajokopissa

kirjoitan tätä runoa ja haaveilen sinusta

toivon että kulkisit ohi

niin että näkisin edes vilauksen sinusta

eikä tästäkään kesästä jää kuin rikkinäinen sydän

päivät ja viikot kun ei ole hetkeä, jolloin en ajattelisi sinua

kuukausiin ei yötä, jolloin en näkisi sinusta unta

heräisi itkuisena ja kaipaisi sinua niin että tekee kipeää

paljon unelmia sinusta, punatukka

mulla on kaikki maailman aika

mä odotan

(vaikka sattuu katsoa kun sä oot vielä jonkun muun)

tämä olkoon ainut runoni sinusta

vaikka rakastin sinua heti ensi katseesta

minä, Linnanmäen rakastunein

elokuun viimeinen päivä

en voi uskoa että olen rakastanut sinua koko kesän

ja nyt sinä sanot ettet enää pysty tähän

kompassi, näytä tie jota seurata nyt kun sydän on rikki

eivätkä unelmat enää kanna

kerro mitä tehdä

kysyt miksi haluan lävistää kieleni

illalla
kaksi kyyneltä

ja kello 03.43
silmäni revähtävät auki

ja minä huudan

aina minä olen pitänyt niistä vähän hurjemmista
enkä tiedä miksi

sinä et ole sellainen

vaan sellainen,
että vektoriavaruuden aliavaruus alkaa tuntua
helposti ymmärrettävältä käsitteeltä kun
vertaa sinuun

minä olen aina se joka ei osaa päästää irti

onko minua tosiaan noin helppo huijata?

kyllä sinäkin olit ihana

ja puhuit suloisia sanoja

(itseasiassa en muista ollenkaan

mitä me silloin juteltiin.

enkä ole läheskään varma

tapahtuiko sitä edes koskaan.)

mutta ainahan minä menetän sen otteen

pääni on tyhjä

    tyhjempi

    tyhjin

tai oikeastaan liiankin täynnä tätä samaa kohtaloa

(kuvittelinkohan minä kaiken?
se oli nimittäin niitä tapauksia,
joista sanotaan
"liian hyvää ollakseen totta".)

tämä ikävä ei helpota millään

mistä ihmeestä minä löytäisin sen
joka katsoisi kanssani muumeja
ja toisi lämmintä mustaviinimarjamehua
kun olen kipeä?

hyväksyisi turhamaisuuteni

luulin sen olevan sinä

mutta totuus on etten enää edes muista
katseesi paloa

mutta minulla on enemmän kuin niillä,

kauniit kauriinsilmät joihin on varastettu taivaan tähtiä

minä olen se johon monet ihastuvat

mutta jota kukaan ei uskalla pitää

minä olen tuuliviiri

en enää edes itse tiedä

olenko kissa vai kala

enkä ole varma puhuinko automaatille
vai ihmiselle

TULE LUO

kun tajusin että olin nainut

niiden kaikkien kuuden miehen kanssa

ketä sillä hetkellä sattumalta huoneessa oli,

toivoin että olisin tehnyt jotain toisin

SYLEILE MINUA

enhän minä oikeasti olisi halunnut
sinusta koskaan luopua

sillä se että sinä et edes katso

se syö minua pahemmin kuin mikään syöpä

tyttö on nykyään aina mustelmilla
eikä se tiedä mistä ne on tulleet
kipeä sisältä ja ulkoa
eikä se nuku vaikka pitäisi
niin se ehkä voisi parantua
typerä tyttö

se lähettää saman viestin monelle pojalle
"tuu hoitamaan minuu"
koska se haluaa että joku vain tulisi
ei sitä hirveästi kiinnosta kuka
kunhan se vain on komea ja ajattelematon

ja ne miehet on sellaisia
jotka eivät edes väitä rakastavansa

se on ollut tällainen jo kauan

ja monta vuotta sitten
se tatuoi itsensä olkapäähän

silloin kun sen piti muuttua
ja melkein tekikin sen

eikä se tyttö huomaa hätääntyä
vaikkei se tunne enää mitään
ennen se itki aina humalassa ja selvänäkin,
nykyään se vain tanssii

älä ota sitä liian raskaasti

katsohan minua,
näin sitä pannaan elämä risaiseksi!

kun sinä laitat kuparinväriä silmiisi
ruskean sijaan

käyn minä lävistyttämässä nännini,
oikeanpuoleisen

osaksi vain sen takia
kun seuraavan kerran istumme saunassa omilla paikoillamme,

että sinä varmasti huomaisit sen

huomaatko kuinka

tekosi hukkuvat

ja sanasi muuttuvat vanhahtaviksi

exodus

yksinäisten vuosien jälkeen
hän halusi paeta vuorilta

saada takaisin sen mitä elämä vei

hän halusi jälleen kokea sen unohdetun tunteen

sen että joku välittää

mutta siihen samaan kiveen hän tulee kompastumaan

ja se tyttö rikkoi ihmisyyttä vastaan,
se murhasi koko kansan

sillä sille kerrottiin ettei jumalan käsi rankaise

valkea hautakivi
kultaiset tekstit

sekä suuria ruusuja haudallani

minä olen iloiset kasvot vuosien takaa

tänään olen taas lähempänä sitä tosiasiaa
että jonain päivänä minä hylkään sinut, jumalani

sillä sydämessäni ei ole koskaan joulua

vain teräviä kynnenpalasia pöydälläni

tänään en nukahtanut vaan tänään minä heräsin

tänään minä hylkäsin jumalan

kun puhut, minä kuulen

ja vaikka se tarkoittaisi ikuisuutta

vaikket rakastaisikaan

minä rakastan

ja se kamala hetki kun katson silmiin jotka eivät tiedä siitä

sokean silmiin

ja unessani minä uppoan turkoosiin mereen

et sinä aina tule olemaan kaunis

jonain päivänä ripsienpidennyksistä tulee sopimattomat
et voi enää pitää playsuitia
ja lävistys kielestä pitää ottaa pois

mitä jää kun meikkivoide ei enää peitä ihon virheitä
eikä miehen viettelyyn enää

riitä pelkkä katse

en tahdo tulla vanhaksi,
mitä jos jäljelle jää vain muistot
eikä niitäkään

eilen minä muistin lapsuuteni
jossa
sinä olit aina se viisas ja itsenäinen
nuuskamuikkunen

ja minä hölmö muumipeikkosi

(katso, olen vieläkin sellainen)

enkä minä halua käydä kuin vanhat nukkumaan,
rakas ei vielä
kosketa minua ensin, valvotaan tämä yö

ja kaiketi tänään
olen ollut hereillä vasta viisitoista minuuttia

ettei tarvitse vanhainkodissa valehdella

tiesin aina että tulisi päivä jolloin
kadun kaikkea

tai ainakin suurinta osaa

(jos se kun nyt tartun kädestäsi
tarkoittaa sitä että menetät auton hallinnan

pian ensihoitajat löytävät meidät

he tietävät että
ainakin olimme onnellisia)

lupaan olla vaiti jos minulle laulat
jos kerrot mikä sinut saa jatkamaan
lupaan kestää sen etten se ole minä

(vaikka minun osaltani tämä on

kahdeskymmenesneljäs runo mitä sinusta kirjoitan)

lupaan hymyillä
vaikkei sylistäsi löydy minulle paikkaa tänäänkään

ja tänään olisin voinut kävellä ikuisuuksiin
sillä en erottanut itseäni yöstä

en saa ajatuksista enää kiinni

ne karkaavat, eivät huomaa minua

en enää tiedä mikä on todellista

minulla on vain nämä sanat

maailman suurinta pelkuruutta antaa hänen elää unelmissaan

vaikka on jo vuosia tiennyt lähtevänsä jonain päivänä

minä uppoan syvään mereen,

tukahdun

siitä on tänään viikko kun laitoit pisteen meidän väliselle vääryydelle

samalla lailla minä istuin yksin kotona myöhään lauantai-iltana

viikkoon en tuntenut sinua kohtaan mitään

mutta minä petin itseni kun hain osoitteesi ja kirjoitin sen kalenterini
viimeisille sivuille

tiedän, että aion lähettää sinulle jouluna kirjeen

Mä rakastan sua vieläkin

ei sydämiä, vain äänetön kaipaus johon ei löydy sanoja

olen ihan hiljaa, vaikka iltaisin saatan kadottaa itseni

tehdä jokaisesta kyyneleestä iäisyyden

kuningasrubiini

palasina lattialla

vaikka olet ollut poissa vasta neljä tuntia

yöllä herään peloissani ja kylmänä

painaudun vasten muumipeikko unelmoi-tyynyä

ja pakenen muumipapan muistelmiin kun en osaa muutakaan

hiustukkoina lattiakaivossa

vaikka minun piti pärjätä ihan hyvin yksin

me oltiin napapiirin rakastavaiset vähän aikaa vaan

minä saatan sinut lentokenttäbussiin

ja kun lähdet ei olo ole juuri haikea

ei oikein tunnu miltään

sillä minä tiedän tätä se tulee olemaan jos me vielä aiotaan jatkaa

ja kun lähdet minun koti on jälleen minun koti missä olen viikkoja yksin

joudun kytkemään lämpöpatjan päälle öisin ja sinusta muistuttaa vain
tuoksu lakanoilla

(ei samoja lakanoita voi pitää liian kauan ja tuoksu häviää sittenkin)

tyhjä viinipullo joka me yhdessä juotiin kun hetken koti oli täynnä
lämpöä ja sinua

ei enää ole katsomassa palavin silmin porontaljan päältä kun hetken
kaikki on täydellistä

sydämestä puolet jäi Lappiin, siihen kotaan nuotion äärelle

Saanatunturille ja ravintola Kilpikseen

sanoin kerran ettei ole väliä vaikka asuisi Utsjoella

mutta kyllä sillä vähän on

eikä ole kaukaa haettu ne sanat

"sulla on oma elämä siellä, jossa minä olisin vain tiellä"

sydämestä jäi liikaa Kilpisjärvelle

enkä tiedä käveleekö se perässäni takaisin etelään

vai löytääkö perille

ropinsalmi

viivyttelin nukkumaanmenoa

vaikka koitin ottaa kaiken irti siitä kun vielä

eilen olit lihaa ja lämpöä

pedissä on vielä tuoksusi ja se tekee kipeää

että meillä on aina vain yksi yö

tätä minä pelkäsin

kun lähdit se ei viimeksi tuntunut

nyt tuntuu

ja tuntuu aivan helvetisti

anna minun olla lapsellinen,
aloittaa tyynysota

tahdon vain että rakastat
minua

rakastat vaikka olisi mitä
rakastat vaikka minusta ei
koskaan tullut cheerleaderia
rakastat koska kukaan ei

koskaan ole sinä

kuva jonka otin huomaamatta

mikseriesi takaa

muistan miltä tuoksuit,

miltä tunnuit

hiuksesi joita laitat paljon kauemmin kuin minä

ja jalkasi löi party rock anthemin tahtiin

kuuntelen sinun biisejä

niin kovaa

niin kauan että pää räjähtää muistoista

ja sitäkin mitä et

koskaan soittanut

dj, tule takaisin

love bite

ja miksi vielä tänäänkin
kaikki kertoo vain sinusta

olihan se sinun kaimakin ihan hyvä

tänään hädintuskin
enää erotan

hälvenee rinnaltani
rakkautesi väliaikainen tatuointi

mutta tunteet eivät

se ei todellakaan ollut mitään

sillä sinun kanssasi rakastelin
vartalon lisäksi koko sielulla

ja kun he kysyvät
mikä sinussa oikeastaan vetää puoleensa

en tiedä, ei mikään,
kaikki

sun otteista huomaa
että olet sinä ennenkin rintaliivejä aukonut

mutta ilman hymyäsi
en tunne mitään

baarin kaunein on dj:n nainen

kuvasi heijastuu lasin pinnalta
sinä huudat ja tanssit
valomeressä et tunne olevasi
niin loputtoman yksin

kun dj soittaa sitä musiikkia,
josta kaikkien kuuluu pitää
nielet sen mitä todella olet

viikot kuluvat toistaan nopeammin ja sillä tytöllä
on peilipöytä josta se katselee likaisin silmin
tupakantumppausastiat savuavat kuin niissä palaisi
se ikuinen tuli jota kaikki etsivät

aftersun-rasva tuoksuu liikaa Australialta

viestit joita en koskaan lähettänyt
kirje jota en antanutkaan sinulle

ja jolloin liikkeet muuttuu isommiksi
ei autoa olisi koskaan pitänyt käynnistää

kaislavene

näinä päivinä, kun sekunnit
kuluvat liian nopeasti
ja kalpealla kaulalla vain muisto
siitä miltä olet tuntunut

katse tahtoisi eksyä
löytää jotakin vielä ihmeellisempää
kumpupilvien takaa

ja sen tytön mustelmaiset jalat
tahtoisivat jo päästä perille

minulle olet enää savua

tule niin

otan sinut syliini
joka ei enää tunne
joka ei välitä vaikka katseesi väistää

joka on viileä ja
sano että se on vale
niinkuin jokainen sanani sinulle

yksi kyynel eleestä
josta tiesin ettei me enää nähtäisi

minä nieleskelin itkua

(en minä nyt voi itkeä kun ripsienpidennykset on juuri huollettu
eikä niitä saa kastella)

se tunne, kun sanat ei vaan riitä

ja huomaan ettei minua
enää kiinnosta muut

ilmiö on sama kuin silloin lumilautailumonoja ostaessa
kaikkein kalleimpia ja kauniimpia sovitettuani
eivät muut enää käyneet

menee rakkaus taas
ihan kaiken muun edelle

niin ei saisi käydä nyt
mutta haluan sinut enemmän kuin mitään
olet ainoa päämääräni vaikka
sen pitäisi olla opiskelemaan pääsy

joka ikinen asia kertoo vain sinusta
beef jerky'sit
mr. saxobeat

älä kysy kuinka paljon pidän sinusta, liikaa,
enemmän kuin kenestäkään,
enemmän kuin muut yhteensä,
aivan helvetisti liikaa

aion kertoa sinulle päivittäin
että on ikävä

niin kauan kunnes minulla ei enää ole

mutta mitään muuta en

en aio sanoa etten pääse sinusta eteenpäin
vaikken edes tiedä mikä sinussa pitelee

en aio sanoa kuinka tahtoisin naida jokaista
vähänkin komeaa miestä vain kostaakseni sinulle

mutten samalla halua edes ajatella ketään muuta

en aio kertoa kuinka toivon
että minäkin olisin osannut olla sinulle
jotakin enemmän

olet nuori ja kaunis mutta

yritin olla vahva
mutta sinä voitit taas tämänkin erän

"ei mua kiinnosta jakaa sua kenenkään kanssa"

ja me molemmat tiedetään että kuitenkin

illalla ajan 167 kilometriä
vain muistuttaakseni itselleni kuinka typerä olenkaan

sisälläni niin paljon,

ja samalla ei mitään
minkä voisi kertoa sanoilla

en kestä yksin enää hetkeäkään

yksi
kaksi, kolme

olen elossa edelleen

oletko jo unohtanut mitä me joskus oltiin

ja jääkarhu rakasti pientä perhosta niin paljon että sydän jäätyi

vaikkei hän kuulunut tähän maailmaan

jos ihminen itkee toisen vuoksi, se rakastaa sitä

minun ei tarvitse edes sulkea silmiäni
kun verkkokalvoillani häilyy kuvasi,

joka kerta erilainen

todista se

olisit kerrankin mies,
tarttuisit minusta etkä enää päästäisi

minä todistin
nyt on sinun vuoro

se koskee minua

tyttö osti juuri nätin sormuksen

vaikka olihan se aika halpa,

se tahtoisi huomaamattomasti laittaa
sen vasempaan nimettömäänsä
niin että kaikki tietäisivät
ettei se tahdo kuin yhden jonka on jo löytänyt

tässä se nyt istuu hiljaa ja katselee kun sinä naurat
maapallon toisella puolella

oma heijastuksensa ruudussa miltei hävettää
turvonneet silmät, takkuinen tukka

ja hetken tyttö on taas varmempi
että pian poika unohtaa hänet

taas minä olen tässä,
kun on kylmä sekä sisältä että ulkoa

kuva jähmettyy, ääni pätkii

ja siinä se on
lähin kosketus rakkaimpaan ihmiseen

mä antaisin mitä vaan

minä yritin painaa jokaisen tapasi koskea minuun
tiukasti mieleeni

niin etten koskaan unohtaisi

enää eivät kookaburrat laula aamuisin,
eikä pesualtaissa ole suuria hämähäkkejä

mutta täällä olo on ehjä

täällä on sydämen koti

en pääse sinusta eteenpäin

ja vaikka tiedän itsekin ettet ole
yhdenkään kyyneleeni arvoinen

ei auringonnousu ole koskaan aiemmin
sattunut silmiini näin

enkä edes halua muuta
kuin kuulla pidätkö sinäkin sitä kauniina

(minä en aio pyytää luokseni ketään muita, en vaikka tiedän että
sinulla on monia)

elinajanodote

en saa unta,
tule pitelemään minua ja
sanomaan että kaikki järjestyy

haluan kätesi ympärilleni
ja että lupaat olla siinä

sano, että kaikki olikin vain
pahaa unta

ei ihmisen kuulu järjestää omia hautajaisiaan

minä

painoin käteni kylmää lasia vasten

ja näin vielä loittonevan selkäsi

olet taas melkein kaksi viikkoa poissa

en halua niin

se hetki kun heität paitasi sängylleni
niin että voin jatkaa uniani ilman sinua

elää sumussa tavallaan

kunnes soitat taas summeria

en muista silmiesi väriä

mutta sen tuoksun
aina

(jos äänesi paino unohtuu, on asfaltti altani
sorrettu salakavalammin kuin milloinkaan)

"älä anna minun rakastua sinuun
ja tulla riippuvaiseksi sinusta
anna olla näin, minun koteloitua itseni sisälle
hipaista saat, mutta et koskea
saat nopeasti rutistaa, mutta et painaa itseäsi vasten
etkä saa antaa minun kuunnella omiani ja sinun sydämesi lyöntejä ja
tuntea sulautuvani sinuun
tee kaikkesi, pyydän, etten rakastuisi sinuun"

huurre

sisälläni pienen pieni

jolle ei koskaan annettu mahdollisuutta

lippu yhteen suuntaan, kiitos

tänään minä säikähdin tv:n valoja
kun ne heijastuivat huoneeseen

kaikki hyvä päättyy aikanaan, sinä sanoit
voi miten oikeassa olitkaan

sillä tämä hyvä voi päättyä tähän
vaikken ole varma onko se koskaan alkanutkaan

en pysty selittämään

kännykän valo syttyy
ymmärräthän,

kun se et ollut sinä joka ikävöi

tässä vaiheessa minä en edes välitä
ja vaikka jäisinkin kiinni
voit olla varma etten aio selitellä

tai pyytää anteeksi
sillä näin ei olisi koskaan käynyt jos
olisit ollut toisenlainen

et tainnut ymmärtää kun kielsin sinua tulemasta
hereillä oli enää anssi ja minä

ja se tarkoitti oikeasti että *anssi ja minä* -

jos sä menet pois
mä nukun ja nukun

otan jakkaran alleni ja
asetun odottamaan valoja yössä

jotka tuovat sinut luokseni

mun sydän hakkaisi järjettömän kovaa,
jos huomaisin ettei sun facebookissa lukisi enää sinkku

ja päästän pieniä kiljahduksia kertoessani
vain siitä kuinka olen kaivannut

katto näyttää olevan kokoajan korkeammalla
ja seinät kauempana
enkä osaa sanoa suureneeko huone

vai pienenenkö minä

en kestä, en kestä

minun oli pakko säilyttää kuitti

siitä bussimatkasta, jota ennen
olit hyvästellyt minut pysäkillä

että siitä olisi jotain jäljellä
että pakkasen kohmettama suudelmasi
olisi todellinen

ja että minä en ymmärtänyt sitä silmistäsi

on

jotain, mikä tekee siitä totta

vaikka minä pudotan helikopterit radoiltaan

unessani valitsit jälleen hänet

tytön jota olit joskus ehkä rakastanut

joka istui siinä terassilla polttaen hihattomassa paidassa tupakkaa

kylpyammeessa
aivan pienen hetken
leikin

ettei minua olisi

toivon että olisin Pikkuhaukan kallioilla
siellä missä on minun koko elämä

ja kylpyammeessa
istun vielä vaikka vesi on jo
valunut pois

pelkään että niin käy myös meidän rakkaudelle,
että se

viilenee

toivon että joku tulisi
ja pelastaisi minut

itseltäni

äänet vaimenevat ja
taivas on tumma

seison käsilläni altaan pohjassa
tunnustellen sadetta joka putoaa
jalkapohjiini

minä voisin olla missä vaan,
sen pienen järven pohjalla jonka rannalla on sinun mökkisi

koska vaan voisi sinun kädet tarttua minuun
mutta niin ei käy kuitenkaan

sillä olen yhä toisella puolen maapalloa

yksin, eikä ketään kuka minua pussailisi aamuisin

minä olen "rakastanut" sinuakin
väittänyt olevani tosissani

kun availit oranssin mekkoni nappeja
liikuntasalin välinevarastossa

muistatko?

(minä en tahtoisi)

1,2,3,4 mä kestän mitä vaan

paitsi tätä

*voiko se koskaan päätyä hyvään, kun kutistaa koko maailman
yhteen ihmiseen?*

pian meillä on uusi koti
pidän ajatuksesta,
että kuljet aamuisin villasukissa
keittiöstä olohuoneeseen

mutta kyllähän se toisinaan harmittaa, kun muut ovat jo askeleen
edellä, vaikka ne on vasta rakastuneet
(mä toivon että ne eroaa)

eilen sydämeni löi vain kahdesti
sillä eihän pieneen sormeeni mikään sopisikaan

enkä edes tahdo sitä mitä se lopulta tarkoittaisi

en vielä

eilen katkuisten tuntien jälkeen huomasin

horuksen silmä puhuu minulle unieni kautta

se kertoo mitä minä olen, odotusta,

jonka onnen sen täyttymys surmaa

eikä sinun tarvitse tehdä mitään muuta
lausu vain sana

ja välitän sinusta taas
enemmän kuin muista yhteensä

"ihan sama"

vaikka se on kaikkea muuta kuin sitä

eikä se että rakastan sinua

tule enää koskaan riittämään

Pariisi

pariisi

älä tuo minulle tuliaisiksi avaimenperää

jossa riippuu eiffeltornin pienoiskuva

tuo minulle elämä,

intia

äkkiä pidän taas ajatuksesta lähteä
kuukaudeksi, ehkä vuodeksi

koska rakastan sitä tunnetta kun lentokone nousee yöhön
rakastan kaupungin valoja jotka muuttuvat virroiksi ja ovat
aina vaan kauempana

koska
en tahdo olla varma huomisesta

mutta tällä kertaa
minä otan sinut mukaani

vuodet muuttuvat aina entistä lyhyemmäksi
ja nyt vasta ymmärrän
etten ole sen valmiimpi vieläkään
kuin silloin seitsemäntoistakesäisenä

älä yritä saada minua ottamaan vastuuta toisesta elämästä,
tekemään jotain peruuttamatonta

ei vielä

tahdon vielä elää, elää
juosta pitkin katuja ilman päämäärää

minä tahdon elää

tietäen että voin koska tahansa hypätä lentokoneeseen

l'amour toujours

öinä joina en saa unta
kuuntelen hengitystäsi

mietin kuinka tahdon sitten joskus tanssia
me kuulumme tähän hetkeen

tahdon että näytät minulle Pariisin josta olen aina haaveillut
tahdon tanssia ylläni valkea mekko

morsiamen silmissä kiiltävät tähdet,
minä tahdon olla hän

tytön selässä keijun siivet

kauniita kuvia huomisesta

jolloin aurinko valaisee lasiverannan

ja illalla käperryn syliisi takan ääreen

pienen pojan sängyn yllä kankainen vaahteranlehti

silloin olet kanssani aina, aina

alitajunnassani pelkään pettäväni sinua

muistan värisevän vartalon

ja jännityksen

sodan jossa olen ilman aseita

kuinka me kolme makasimme alastomana jäällä

pommikoneen tulittaessa taivasta

räjähdyksen kaukana

ja sitten aivan vierellä

minä hyppäsin palavasta vaunusta

unissani joissa joka yö

sydämeni palaa aina dj:lle

olen katsonut sinua silmiin
kun Pariisissa on kevät

en löydä sanoja kertomaan
mitä on tanssia kesäyönä laiturilla

ja aina vain minä tanssin
ja unelmoin Pariisista

aion jatkaa
aion onnistua

vaikka eilen unohdin että olen

tältäkö se tuntuu

puhtaana kesäyönä
kermanvärinen pitsimekko ja kaupunki johon rakastuin

se tietynlainen vapaus kun on vielä nuori
epätodellinen tunne

sanat joita en osaa lausua

ja jälleen ensimmäisen kerran
mä olen elossa

kuitenkin kun alitajunta sammuu
laskuja niin etten pysy laskuissa

hei en minä halua laskea prahan ja frankfurtin välimatkaa,
tahdon mennä itse katsomaan

ja äkkiä en enää pitänytkään elokuvista
enkä taikatempuista

sillä arvasin aina niiden juonen

ja tajusin että voin aivan helpostikin
tuijottaa itseäni peilistä tunteja putkeen

tietäen että minäkin mahtuisin sinne taikurin laatikkoon
jossa tyttöjä jaetaan osiin

ja kun palaan kotiin tiedän ettet ole siellä
että siellä odottaa vain tyhjyys

kädet suorina valmiina halaamaan,
kietomaan itseensä

aivan pölyttyneenä
raamien takaa

löysin synkkien teinivuosienikin koulukuvan

isovanhempieni kirjahyllystä

sinusta minulla ei ole sanoja

paitsi että äänesi on maailman ihanin
sinä aiheutat sydämentykytystä ja

vaikka tämän pitäisi olla harmitonta
tahtoisin varoittamatta

suudella sinua nostosillan alla

rakastan sitä kun valvomme aamuun saakka
puhuen syvimmistä tunteista

kuinka lujasti olemme jo kiintyneet
ja vuorotunnein rakastelemme toisiamme

mielemme vielä alastomampana kuin vartalomme

ja kun olen unen rajamailla sanon ääneen rakastavani sinua

tiedän, että tarkoitan sitä

sataa aurinkoa
ja minä laitan sinut lupaamaan
ettei elämä vie meitä
ja laitan sinut vannomaan

jos kertoisin että olen 96% tosissani

sinä jäisit vaan miettimään, entä ne loput neljä
vaikka se on enemmän kuin ikinä koskaan

entä jos pakenen kanssasi australiaan

näytetään niille mitä me ollaan tehty vasta kun ollaan jo kaukana

ladataan suutelukuva sydneyn oopperatalon edestä nettiin

jälkipyykkiä

jos nyt lähtisin perääsi

en enää ehtisi
en enää saavuttaisi sinua

rakkaus on sanana kaunis,
merkitykseltään suuri ja ihmeellinen

mutta välillä niin kovin vaikeaa,
kuluttavaa sekä ymmärtämättömyyttä

kätesi ympärilleni

minä laitan astiat tahallani vääriin kaappeihin
nostan wc-pöntön kannet ylös ja jätän astiat tiskaamatta
pesen vaatteesi vaikkeivät ne olisi likaisia
teen oikeaa ruokaa niin että keittiössä tuoksuu kodilta

ja hetken tuntuu, kuin olisit tässä

tahdon tehdä jotain holtitonta
mennä kihloihin
muuttaa yhteen vain muutaman kuukauden jälkeen

jotakin mitä voin myöhemmin katua tai
katketa onnesta

sillä kun palaan pieneen kaksiooni
on se niin suuri ja surullinen ilman sinua

liian pitkiä hälytysvälejä
tuttuja jotka eivät ole tunnistavinaan

liian aikaisia sanoja rakkaudesta
lupauksia joita ei

koskaan tarkoitettu pidettäviksi

*älä vähättele kun ne sanovat että kauniisiin naisiin
on vaikea luottaa*

mutta mä yritän kaikkeni

olen tässä
ja rakastan sinua vaikka

sinä jätit minut yksin uutena vuotena

vaikka jäit taas kiinni valheesta
vaikka rikoit jälleen lupauksesi
vaikka sinä et voi koskaan toteuttaa kaikkia haaveitani

silti

joo tällainen musta tulee
kun annat muutaman lasillisen

aamulla voin jutella sulle niinkuin aikuiset
olla kuin mikään ei muka tuntuisi

anna mun kiukutella
ja anna mun olla lapsellinen

tahdon lyödä sua kasvoihin
ja suudella heti perään

hei, sä rikoit mut

aamulla voit sanoa mitä vaan
aamulla olen vahvempi

okei, sä rikoit mut

anna vielä mahdollisuus

126

jos puristan silmät kiinni ja
kuvittelen lujasti,
kai vielä voin saada sinun kätesi ympärilleni ja
söpön kuorsauksesi korviini

sinussa

tahdon

astua kohtaan johon kukaan ei ole ennemmin

jalallaan

astunut

unelmissani me palaamme mäntyharjulle,
sinne mistä kaikki alkoi ja jonne
parhaat muistot meistä myös jäi

ai kuinka paljon sut haluan vai, dj

en anna enää kenenkään muun riisua vyötäni

taivaalla oli vain yksi tähti
kun tulit ja tiesit ettei minulle tarvitse selittää

taksimittari juoksee koko ajan, kun he suutelevat ulkopuolella

suonissa tuhatkertainen määrä noradrenaliinia

nyt tiedän kuinka monta
valkoista viivaa ylittää vesijärvenkadun

mutten vieläkään tiedä
miksen pelkää että saat minut tuntemaan

et sinä aamun tullen enää rakasta

mies

sinä rakastat
sinä välität oikeasti

jonain päivänä sinä
polvistut eteeni

tahtoisin vangita tuoksusi
tarttua kasvoihisi kaksin käsin

huutaa

älä jätä minua koskaan

eikä kaupunki koskaan nuku

ja kun kuulen askeleesi rappukäytävässä
kello lyö kaksi

istun tässä ikuisuuden,
sekunteja kerrallaan

eivätkä kaupungin valot koskaan sammu

kun turvallisessa ydinvoimalassa

ydinreaktori räjähtää jälleen

ja sen jäähdytysmenetelmät pettävät

ja laivat jotka eivät voi enää

tuhoutua myrskyissä

uppoavat kuitenkin

on minun vaikea uskoa että

olisin samanarvoinen kuin kuka tahansa

those three words could save my life

en minä ymmärrä mitä voisin tehdä toisin

miksi rukoilisin sitä mitä en näe
mitä en tunne

kun korkoni kopisevat katuihin jotka tiedän todeksi

ja vaalea otsatukkani karkaa silmille

   ja niinpä sinä menet

            niinpä sinä menet

            niinpä sinä tulet

ihmettelen miten joku voi masentua nyt
kun ulkona on pian niin kaunista

kun makaan tässä alastomana edessäsi
saat nyt sormella osoittaa kaikki minun epäkohdat

vaikka tiedän ettei
sanat enää ehkä riitä tätä pelastamaan

ehken ole enää rakkain

kuinka paljon voin ikävöidä
viime kesää

jolloin kaikki oli vielä uutta

ja sinä lähdit armeijaan
jolloin vatsassani oli perhosia
tullessani sinua katsomaan

nykyään mietin vain miten neste voi olla kuivaa,
kovaa tai pehmeää

ja sinua

sillä

kai olet vielä jossain

se ei enää muista kuinka unohtaa

ruokani jääkaapissakin pilaantuvat ilman sinua
eivätkä maistu miltään

kun ihmiset tulevat ja menevät ja
hetkeksi raitiovaunussa viereeni istuu poika joka tuoksui aivan dj:lle

ja hetken minun sydämeni meinasi pakahtua ikävästä
vaikka en häntä ehkä koskaan
todella rakastanut niinkuin sinua

lähtemättömän vaikutuksen voi tehdä vain hän joka lähtee

haluan tuntea kun sinun suuret miehenkädet
kulkevat paljaalla selälläni

alhaalta ylöspäin

me ollaan yritetty ratkaista sitä
da vinci-koodia niin monta kertaa

mutta me ei koskaan päästä perille

en ymmärrä

sillä olen aina ihmetellyt
miksi ukonilmalla pitäisi pelätä

jonain päivänä sinä vain astut ovesta sisään
etkä enää kelpaa
sillä sinä olet samanlainen kuin tänäänkin

ja minä olen
niinkuin sinäkin

mutta koska sinä pyydät anteeksi, ettet suudellut minua sateessa?

kun sanoit ettei minun olisi tarvinnut kertoa siitä pojasta
joka pyysi minua kanssaan katsomaan auringonlaskua
mietin että ehket sinäkään katsonut tarpeelliseksi mainita sitä tyttöä
joka eilen tanssi aivan sinussa kiinni
jonka veri kohisi ja se oli enemmän kuin minä koskaan

ja minun sydämeni särkyy vaikket sinä
mitään olekaan tehnyt

tai ehkä juuri siksi

määränpää

täällä leikin vielä kotia kanssasi

eikä mikään voi viedä pois sitä tunnetta,
että kaikki onkin tehty turhaan

ja pahinta on
etten tunne edes syyllisyyttä

vaikka ei enää rakastaisi
voiko toista jättää ikuisesti odottamaan?

me saatoimmekin mahtua yhteen albumiin

vaikka eilen ostinkin korun jossa
on sinun nimikirjaimesi

ja vaikka lupasin itselleni ettei tässä käy niin

olen mielessäni jo muuttanut rovaniemelle

ja sinä saat seurata jos tahdot

en enää ylety sinuun
en enää ylety sinuun

vielä se on vapaa lintu
saanut siipeensä niin
monta kertaa ettei se
enää edes satu

se haluaisi vain
taas välittää

ihan oikeastiko
aiot vielä kerran yrittää

virittää häkin jota et lukitsekaan

minä-valhe

pimeys syö seinää

ja kun ikäväni kietoutuneena
harmaaseen silkkinuttuun

sinä näytit mitä olet

"Auton vauhi kiihtyi,
malboron savu leijaili lamaannuttavasti
viereiseltä etuistuimelta
Ainoa ajatukseni mielessäni ikuisesti
toistuva lause:
-Sorry ei muistella pahalla
Tunsin tyhjyyden vasta kilometrien jälkeen."

ja maailman kaunein runo

- setä ihmisten nähden ei saa kuolla

pohjaton runo

nautin kaikesta tässä
ohikiitävässä hetkessä

minulla on vaaleanpunaiseksi lakatut kynnet ja
viileä asfaltti jalkojeni alla

mietin onko missään enää mitään
onko enää
tunnenko olevani
minä

ja jalanjälkesi sydämeni poikki
kiva kun kävit

tämä on pohjaton runo nuoruudesta

rakkaudesta ja ikävästä
joka pusertaa yön läpi

satamasta heijastuva kajo
kädet syvällä taskuissa ja

ajatus veneestä joka ei koskaan tullut -

en edes uskaltaisi elämältä pyytää enempää

voisin antaa linja-auton ajaa ohi

jos vain jättäisin käteni nostamatta

saisin lisää aikaa rakastaa sinua

(ei lisäaikaa tarvitse, kunhan rakastaa joka päivä

niin ettei enempää pystyisi)

déjà vu

minä näen unia Australiasta

enkä aina tiedä mistä herään

missä olen

enkä kestä enää lähtöjäsi

näitä puolitoistaviikkosia ilman sinua

minusta on tullut heikompi kuin koskaan

helppo sanoa jälkeenpäin

vähätellä kaikkea mikä sattui

löytää kultareuna

elämän kurjimmista mahdollisuuksista

"täs on vaa yks ehto, se et säkin oot mun"

kun Helsinki pudottaa lehtensä

ja haikeilla kaduilla harmaat ihmiset

kaupunki jota pidin kauniina

ja minä joka en koskaan lakkaa ikävöimästä

minä joka rakastun aina väärällä hetkellä

tukahdun öihin jolloin ei ole muuta kuin

paitasi ja minä

odottamassa ihmettä, pieni tyttö

ja kerran sinä tulet jäädäksesi

ensimmäinen joka on valmis antamaan elämänsä

alppimaja

korkeita ja vanhoja rakennuksia
uusi asunto hakaniemessä

jota olen oppinut jo rakastamaan

puistot jotka ovat loputtoman kauniita
pienine kioskeineen ja asemakelloineen

ja sydän pienellä kippuralla käsissäsi
niin turvallisissa

älä ikinä luule

ettet olisi minulle tarpeeksi

ei ole väliä vaikka asuisit Utsjoella, mä sanoin

"tuleekohan meistä pari?"
sä mietit ääneen kun kaaduimme sylikkäin sänkyyn

kulta, ei tullut

ja seuraavana viikonloppuna mä lähetän sulle
humalaisen viestin:

"mä olsin oikeesti halunu olla sunkaa"

enkä vaatinut sinulta mitään

olen aina ollut sellainen

en tiedä kuinka sanoa hyvästi

k e v ä t

niin siitä on kauan
kun huumaannuin tuoksustasi

ä l ä k a t o a

ja pian minä hyökkään kellon kimppuun

pysähdy

PYSÄHDY

vaadin takaisin ne menneet päivät

tai ainakin sinut

tartun viisariin ja väännän sen tasan
puoli vuotta taaksepäin

lokakuu, ja minä olen vain tahroja paperilla

voinko kuolla ikävään?

haluan vihdoin herätä siihen aamuun
jolloin voin kuiskata korvaasi
me selvittiin

ja kaikki hyvin on

vaikka minun on hetkeksi hylättävä
sinut fyysisesti,

älä jätä minua

älä jätä minua

sillä kun palaan haluan mennä kassasi junanlaiturille
ikäänkuin vahingonilosta katsomaan eroavia ihmisiä

ilman että kummankaan meistä täytyy
enää koskaan lähteä mihinkään

minä odotan odotan odotan

odotan

ja kello käy,

se kertoo etten elä tässä päivässä
vaan yhdeksän ja puolen kuukauden päässä,

päivässä jolloin
halvat tuoksukynttilät huumaavat meidät jälleen

miten sokealle voi selittää värejä?

kulta

yritän rakastaa sinua niin hyvin kun ikinä osaan
hauraalla kädellä

nää ei ole hyvästit jos me ei tahdota niin

minä en ole enää se sama nainen
jolle sinä olisit vain kymmenes sulka mun hatussa
vaikka ihmiset vielä niin kovaan ääneen puhuvat

42 viikkoa ja yksi päivä

hei ollaanhan me taas monta hetkeä lähempänä niitä

onnellisia päiviä

ja taas lehden kannessa on niitä hymyileviä ihmisiä,

ne ärsyttää minua, ärsyttää niin saatanasti,

ne kertoo kuinka erosta selvitään,

ne kertoo kuinka se teki kipeää mutta

aina aika parantaa

toivo ei oo mennyt, se on sinussa

se oli kesän lämpöisin päivä
ja meidän karkit suli laiturille

sinä nauroit, olet niin kaunis

rakastin sinua niin paljon sinä päivänä
kun kumiveneen toinenkin airo katkesi

ja sinun vartalosi oli alaston ja kaunis

muistelen sitä aikaa kun me pysähdyttiin
suutelemaan liikennevaloihin

silloin kun elämä oli jotain muutakin
kuin pitkä hyvästijättö

kädet ratista irti

viimeyönä näin sinusta taas unta
jossa rakastin sinua

uneni ovat olleet toistuvia ja niissä on aina
samat elementit:

uima-allas ja sinä

jolloin aamu on aikuinen,
on aika nousta

en saisi ehkä tunnustaa
mutta sä olisit kerran voinut olla mun elämä

ethän pelästy jos kerron sinun olevan
minulle neljäs

toista

jos jäät

aion suudella sinua maailmanpyörässä
vaikka se olisi kuinka kliseistä

kun veit minut katsomaan lähteviä lentokoneita
oli se jotenkin vain

romanttisinta ikinä

haluan pois tästä hetkestä
raa'an kalan lemusta

tuuletusropellin kolinasta katossa,
lihavan naisen kuluneesta kukkamekosta

kynsilakkojen jämien pois rapsimisesta
hermostuneista rykäyksistä

tästä ikävästä

one rainy day

kun väistöliike tapahtuu hetkeä liian aikaisin
ja samaan suuntaan

Viimeyönä näin unen jossa silmäni sulkeutuivat,
enkä saanut niitä enää auki. Olin tajuissani, ja tiesin etten nuku.
Etten enää heräisi vaikka joku ravistaisi.

kuolintilastot ne on aina vain lukuja
kunnes se sattuu omalle kohdalle

suurta rakkautta aamukahvissa

haluan alasti asunnossamme kulkea aamuisin,
ilman että se tuntuu kiusalliselta

juuri niin kuin meillä oli tapana tehdä

tahdon jälleen meidän säännöillä elää

koska me ollaan liian arvokasta hukattavaksi

eikä minun elämä ole mitään
kunnes sinä olet taas siinä

kunnes sinä jälleen elät,
olet olemassa

hengität, nukut

kunnes voin taas nähdä sinun jokaisen ilmeen

tulehan joku päivä teelle

taas puhun sinulle siitä saunallisesta kaksiosta,
    täydellisestä kodista meille

voi kuinka kiva olisi jo muuttaa

(samalla suljen silmäni, enkä huomaa mitä meillä jo on)

pelkään tylsistyttäväni sinua iänikuisella jankkaamisellani

pelkään jokaista askeltani

sillä jokin niistä voi ajaa sinut pois
    enkä enää kestäisi

kuuntelen aura-autojen ääniä yössä

kun muut jo nukkuvat katselen vielä valoja jotka

    heijastuvat sälekaihtimien takaa huoneen seinään

mä kaipaan sua

mä kaipaan sua

etkä sinä pidä suolakurkuista

ehkä pakenen huomenna moikkaamaan isovanhempiani
sillä huomasin että täällä onkin näin tyhmää

kun olet vieläkin leikkimässä sotaa, pieni

ja minusta mustankallion tunneli näyttää joka päivä pisemmältä
enkä koskaan jaksaisi kävellä sen läpi, tai ylittää sitä puolivälissä

se saattaa näyttää lähinnä itsemurhayritykseltä

onneksi soitit tänään, hassu

ja sitten unohdin laittaa juustoa lihapiirakkaan ennen mikrotusta,

niinkuin sinäkin olisit sen tehnyt

kasvoton

ja se viimeinen hetki jolloin tukehdut
sekunti jolloin vielä ymmärrät

puserrus ja epätoivo
sen kaiken mikä jäi sanomatta

hetki jolloin sormus vasemmassa nimettömässä
saakin sinut näyttämään nelikymppiseltä

jolloin ymmärrät ettet olisi ollut hyvä esimerkki
laskiessasi vasten kaikkia sääntöjä lastenkylpylän liukumäissä

ja sinusta kun se oli vain hauskaa

minä itken vieläkin jos nalleltani irtoaa silmä

päivät, loppukaa

uskon että olen ansainnut onnen
olen odottanut jo niin kauan

ja miltei oletan
ettei sellaista päivää koskaan tule

jolloin et tahtoisikaan minua enää

ole hyvä, vangitse minut
kahlitse sormeni kultaan

tahdon että teet niin

ota minut, pyydän ota minut
ja lukitse häkki ympärilläni
(äläkä koskaan päästä minua pois)

tahdon että teet niin, sano että huominen on
vieläkin parempi

kyllä se päivä sieltä tulee kun tarpeeksi toivon,
ja vaikken tahtoisikaan

täällä ovia tuhansia
valitsen summamutikassa yhden
sen enempää miettimättä

mökissä numero neljäkymmentäkolme

päiviä puolet vähemmän jäljellä
kuin siinä junassa oli vaunuja

ja silti se tuntuu koko elämältä

aivan kuin kynäilijältä olisi loppunut värit
ja se vasta nyt maalaisi
asfalttia edessämme

ja mietin että ehkä joka päivä askel hieman kevenee

kuuntelin kolme biisiä
jokaisen kahdesti
ja nukahdin

luovuin kaikesta vuoksi pojan hellimmän

humalaisen suusta tulee liioiteltu totuus

se rakastaa niitä ihmisiä
jotka tuntuvat heti ystäviltä

hedelmistä ei lähde nälkä

se miettii

miksen koskaan voi herätä auringon kanssa
silloin on niin kaunista

sinä petät minut joka ilta
kun et
vieläkään
soita

siitä pojasta jota sinä kutsut
auringoksi

se ei ikävöinyt täältä mitään muuta kuin ruisleipää

(se ei ole sun arvoinen)

tänään nousin linja-autoon sanomatta
sinulle mitään

enkä ehkä tahtoisi tulla enää takaisin
kuin ainoastaan pakkaamaan tavarani

ne mitkä ostettiin yhdessä
niistä pitää neuvotella

ja mitä kauemmas juna minut vie,
sitä paremmalta se tuntuu

tätä pakokauhua
ei voi enää peruuttaa

kuljen unessa päivästä seuraavaan,
kunnes sydän jäätyy rikki

isku vasten kasvoja

        ja sinun kätesi jää

        yksin haromaan ilmaa

eikä minua voi koskea
koska minä en ole olemassa

kesäinen helsinki

mutta sinä olet kaukana

RIIHI

ratamonlehden takana

takkuinen koira kylpee aamuauringossa,
elämän rakkaus

sen sydän peittää tyhjyyden
jonka maailma jättää jälkeensä

ja tyttö

hän muistaa välähdyksiä kesäilloista
jolloin aurinko
kurotti oranssinsävyiset kätensä havupuita kohti

soran joka rahisi
suuren rusakon käpälien alla sen koetellessa
uskalluksensa rajoja

juoksevat jalat,
toiseen kietoutuneena kukat kotitalon seinustan
ikuisiksi ajoiksi

aamuviiden maaseutu on
hetkiä jolloin sydän on pakahtua onnesta

päiviä jolloin olen hukkunut

tahdon elämän olevan sitä mitä se oli ennen

jouluni tuoksuu tähtianikselta, kuusenhavuilta saunan lattialla

ja toisinaan kaipaan niin kovasti kotiin

niin kovasti lapsuutta

en pysty selittämään

enkä tiedä, keneen voisin luottaa niin että voisin kertoa

haluan nähdä taas joutsenet
istua siellä, missä kukaan ei arvostele

haluan piirtää huuruiseen ikkunaan
rakkauteni

vaikka olen tänäänkin
vähemmän kuin eilen

tänään itkin, kun katusoittaja vietiin käsiraudoissa pois

itkin koska

mussa ei oo mitään

vihdoin kotiin hankien keskelle

tuntureille,

poron sarvi ja lunta puolitoista metriä käsivarrentien

molemmilla reunoilla

kolaan talomme pihaa ja savupiipun laella kirkkaassa aamupakkasessa
epätodellinen, ihmeellinen kajo

tänne minä kuulun

pois täältä ahtaasta, likaisesta kaupungista jossa olen aina yksin sekä
juureton

minut on vallannut hurja ikävä ja viimein johonkin kuulun

revontulien alle jossa sydän voi vapaasti tuntea ja olla kiireetön

pohjoiseen jossa minua vielä odotat

and maybe i'll love you forever

tule hiljaa pakkaseen

piparkakuntuoksuiseen yöhön

sinne missä olen aina odottanut sinua

mietintämyssy, toimintalapaset

ja punaiset posket

taikatalvi

eikä kukaan juuri tunteita herätä

sillä kaikki tunteet on sinussa

koti

ennen rakastin talvia
ja syksyjä

ne olivat niin kauniita ja onnellisia

tahdoin että nousisit kanssani talon katolle
jonne aurinko laskee ja se on aivan talon reunassa kiinni

mutta järvi on tänään kilometrien mittainen

sillä tajusin etten nauttinut niistä hetkistä
sen enempää kuin nytkään
vaan opin *rakastamaan*
vasta jälkikäteen

kaikkea mikä on jo mennyt
kanssani itkevät syvät vedet

enkä saa lumihevosella ratsastavaa pikkuminää takaisin enää
mitenkään
mutta täällä se on aina läsnä

taivas on viileä
ja se huokuu päälleni

kullaten elämäni jokaisen muiston

metsänpeitto

sydämen ikävästä minut pelastaa

sielulintu

ja vie minut metsänpeittoon

josta kukaan ei minua löydä

ajan myötä muutun sammaleeksi

mutta kaikki on niin tyyntä ja oikein

minun kuuluu olla näin

ikimetsän naavaa hiuksillani

minä kadotan itseni ja muutun osaksi metsää

sydän ei enää ole rikki

hain lohdutusta metsältä

sillä on hintansa

iäisyys vanhan kansan kanssa

minä kurotin käteni
tuhannen verhon läpi

aina ihollesi asti

ja annoin huulteni suudella sinua

epätodellisin silmin näin sinut
unelmana,
toteutuneena haaveena

aamukasteena reidelläni

"ja jos joku päivä unohdan sanoa 'minä rakastan sinua'
älä hetkeäkään epäile ettenkö rakastaisi"

päijänne

täällä olen ollut aina yksin

jäänyt rantakivelle

ja kuunnellut joutsenlaulua

uppoutunut harmajaan

ja minä rakastuin

noin kahdeksantoista vuotta taaksepäin

se maisema on niin paljon vanhempi kuin minä

ja niin paljon kauniimpi

en osaa sanoilla kertoa

osaan vain katsoa hiljaa

kuinka valkea joutsen halkoo sieluni maisemaa

viimeinen veteraani

minä muistan sinua aina valmistaessani keisarin morsiamen teetä

laitan paljon hunajaa, sillä niin teet sinäkin

niin rakas,

mutta en enää voi katsoa lapsensilmin niitä tekoja

enkä sanoja

sinä pelastit suomen mutta petit meidät

isäni isä, viimeinen veteraani

minä tiedän että sinä lähdet sunnuntaina

sillä sunnuntaisin kuolevat kuninkaat

torstainvastaisena yönä

jos et pelkäisi rakastua minuun
ja jos minä uskaltaisin luottaa

voisit viimein avata sammaleenvihreät silmäsi

meille

niin jäivät taas taakse pitkät laakeat pellot
pysyvä hiljaisuus

jota me jatkoimme
sanomatta sanaakaan koko matkan aikana

ja tuhat hiljaista heinälatoa
matkamme varrella
kuiskivat jälkeemme salaisuuksia

lapsuudesta

pieniä kädenjälkiä

tytöillä jalat tussilla täyteen piirretty
kaukaisia haaveita ja

sinisilmäinen prinsessa
jonka salaisesti tahtoisin jo tähän maailmaan

mitä sitten jos et koskaan
palaakaan uneni kaunein

kultalintu

ota minut kiinni jos

et enää pelkää varjojen raidoittamaa hiekkatietä
lintuja jotka parvessa pyrähtävät piilostaan
tai pakenevat ukkosta

tummat pilvet, ilkeä taivas

aamuvarhain neljä oravaa
halaamassa puuvanhuksia jotka ovat nähneet
monta elämän käännettä

sydämeni tyyssijoilla

sanat eivät todista enää mitään
ja tekoja olen odottanut liian kauan

tämän jälkeen en tee enää uhrauksia
vaan se olen minä jota tavoitellaan ja jonka vuoksi

hypätään tuntemattomaan veteen

"Unesta heräät kun tunnet sen suudelman tosirakkauden"

saatko

ja minä **putoan**

öihin jolloin ikkunan lasit ovat huurteiset,

herätyksiin, jotka voisivat olla lämpöä ja

sinusta

eikä kenenkään pitänyt meitä saavuttaa

jos saisin

ottaisin nyt yhden päivän kesästä -99

sen hetken kun lauloimme ja tanssimme lautalla

ahvenruohohameet kuivuivat aurinkoon

silloin kun en koskaan tahtonut kasvaa aikuiseksi

Ninni

ennen luulin ettei hänenlaisia olekaan kuin saduissa
enkä huomannut että hän oli ollut aina vierelläni

hän oli minulle edelleen juuri sellainen ystävä
joka vuosien hiljaiselon jälkeenkin toisi minulle suklaata ollessani kipeä
ilman että pyytäisin

eikä maailma ikinä uskoisi jos kertoisimme
eivät ikinä voisi nähdä metsässä niin paljon kuin me näimme

mutta kun huomaan ajan juosseen kovaa
että lapsuuden kesistä on jo kauan
että päästinkin sinut etääntymään
itku kurkussa kutsun sinut kylään

olisi kiva nähdä sillä

minulla on yhä päälläni mekko
sammakonkudusta sotkeentunut

tässä on salaisuuteni:

illan hämärtyessä
kun ilma on jo viileää

opetan lintuja laulamaan

elämästä

syksy on sumua pellolla
kitkeriä muistoja ja ruskan värittämä lehti
taustalla viilenevässä järvessä kalastusvene

(metsän poluilla salaisuuksia rakkaudestani)

tänään en voi kuunnella meidän laulua
se tekisi liian kipeää

isoäidin aarrelaatikossa
olikin vain tavallisia koruja

eikä ehkä ole enää mitään,
mikä pitäisi minua hereillä

kun kerroin ikävöiväni sinua
tarkoitti se paljon enemmän kuin
muutaman päivän erossaolon jälkeistä pikkuikävää

eikä ehkä enää millään
ole niin merkitystä

(mutta jossain huomaamattani opin rakastamaan
niitä silmänkantamattomia rantoja, opin kaipuun joka
vielä ohjaa minut takaisin rantarapujen luo)

haluaisin hakea sinut takaisin
tähän maailmaan

en osaa sitoa haavoja

enkä tiedä miten selittää
kaikki nämä hiljaiset vuodet

mutta haluaisin saada sinut muistamaan
millaista oli soutaa järvellä
ja piirrellä rivoja kuvia saunan ikkunaan

pakottaa sinut muistamaan
kuka minä olen

ja kuinka rakastin sinua

niin tänään minä huomasin että

kadonneet on ne vuodet
jolloin kesät oli pitkiä

ja koko luokan tytöt oli ihastuneet samaan poikaan

mutta sinä etäännyt

lapsuuden leikeistämme

vaikka laulan pysy aina lintuna

tässä minä nyt olen,
rannaton

kuuntelen huoneessani yksin
juice leskistä

palaan lapsuuteni heinälatoon,
ikuisiin kesiin

kattokävelyyn

mutta ennen kaikkea sinuun

olo huipussaan kun on rikki poikki väsynyt
ja niin turhautunut

(ai niin ja mustasukkainen)

tässä alkaa olla liikaa näin pienelle tytölle kestettäväksi

tunsin sun hengityksen

odotan sinun nousevan linja-autoon
jokaisella pysäkillä

ja jos et koskaan tule, päivät
menevät ja menevät

kunnes havupuut pudottavat kirpeät neulasensa

meidän aikamme koittaa vielä

ruska

meri on hiljaa nyt
en haluaisi olla täällä

vaan sukeltaa syvään siniseen
sinun kanssasi

järven tymännys

kaukana horisontissa olin hetken näkevinäni saaren,

mutta pian se katosi usvaverhoon

routaa

isoisän ullakolla

romanovien kohtalo

kauan olen odottanut

uhma kasvoillani
minä lähden tänään.
ja uskon huomisiin

sinä jäit meistä vähäisemmäksi

*"hän oli joskus paras ystäväsi,
muistatko?"*

sinä huokaiset syvään

"- muistan."

muistatko vielä lumiset metsät
ja hauenpään puussa

neulasen pistot kämmenissä

muistatko kuinka pahalta varastettu kaakao maistui
ja minä annoin sen typerän pojan viedä sydämeni

(mutta sinun hymysi oli kaunis)

sinun kanssasi matkustaisin koska tahansa Neuvostoliittoon

sekunneissa tehtyjä päätöksiä
kumpi sattuu enemmän, puut vai vastaantuleva auto

aamuja jolloin pelkään ettet herääkään ja eilen
olin sinulle taas vihainen ilman kunnollista syytä,
entä jos se olisi viimeinen kerta

niin kipeitä ajatuksia

kunnes odottamatta väkijoukon keskeltä kuuluu sanat
sulla on maailman kauneimmat silmät

minä odotin, odotin
mutta tulit vasta kun oli jo myöhä

ikijää

pöllö, pöllö, missä olet yössä

huhuu

missä sinä olet

täällä pakastaa

enkä minä tiedä kuka olen ja miksi

syksyn merkit
jalkojeni alla

tiedäthän

se voisit olla sinä
joka pysäyttää autonsa viereeni
ja hymyilee

sinä, jolle soitan aamuisin
ja kerron että on ikävä

se voisit olla sinä jonka kaulukset suoristan

minun on purtava huultani lujaa

että tiedän että olen

pelkään ettei hiekkateitä pian enää ole

pilvet näyttävät olevan niin matalalla

että niitä voisi kädet suoristamalla koskettaa

aurinko ei koskaan paista koska mukanani kannan aurinkolaseja

eikä koskaan sada

niin, sateenvarjo

siksi nykyään on niin loputtoman harmaata

ikinä ei voi varautua liikaa

ja jälleen tunne että minä en riitä

etten ole kykenevä kertomaan kaikkea

vaikka rakastan sinua aina ja aina

vaikka tänään ikävöinkin kotia

ja kun katsot minuun hymyillen

sä omistat mut kokonaan

ja sitten sinä oot siinä

suoristat barettiasi peilin edessä

sinä teet minut hurjan onnelliseksi

vain kaksi toivetta täyttävät huoneen:

älä päästä irti, älä riko minua

yön sumeina tunteina
minun kultani onkin ihminen

vie minut kauas, unien taa

rakasta mua

sähkölinjat sulautuvat yhteen
eikä se riitä

palattuani luoksesi en hymyillyt
enää niin kuin ennen

ja lämmitellessäni käsiäni teekupin kylkiin
sanoit ettet enää tunne lämpöäni

pienet eleet kertoo sen,
en enää juokse sua ovelle vastaan

(anna anteeksi)

luonnetyyppi: flegmaattinen

olen tullut hyvästä perheestä
minä olen aina saanut lähes kaiken (anteeksi)

mutta kuittaan sen yhä *tyytymättömyydellä*

olen ollut aina se onnekas tyttö,
se joka pärjää juuri niin kuin haluaa

alaspäin heikkoja katsonut

toisinaan minua pelottaa että
vielä jonain päivänä ylpeydestäni rankaistaan

ja ne vievät minulta
kauniit kasvoni,

asettavat alimpaan kastiin

tai ehkä olen hiljaa tehnyt kuolemaa koko elämäni,
sillä sieluni on kylmä kuin marraskuinen yö

(sano että tiedät sen olevan valhe)

minulla ei ole ajatustakaan
kauan olen istunut tässä,

kaikki te tiedätte että
tyttö itkee huoneen lattialla,
muttei ketään teistä kiinnosta enää

ja hyvä niin sillä tahdon olla yksin
minä saan aina tahtomani

jos te nyt lähtisitte ja tulisitte takaisin
en edes kysyisi missä olitte

ja tunne jolloin sydän ei kestä,

jolloin se luhistuu

kun aamulla herään en enää muista,
kävelinkö tähtiä pitkin unessani

vai olinko jo hereillä

on kaiken takana kokonainen elämä

ja kun tuntuu, ettei mikään enää tunnu

teki mieleni äkkiä hypätä tuntemattomaan junaan,
ei siihen joka veisi sinun luo vaan takanani vielä lähtöä odottavaan

vaikken usko, että edes se toisi enempää

linnut lentävät korkealla eikä niitä pelota tänäänkään
mutta minä pelkään päästä perille

intohimoa voimakkaampaa on vain haavoittumisen pelko

Niina, en kestä

ota kiinni nyt kun

kaiken tahdon antaa

ota minut kiinni jos

eilinen oli sinullekin taivas

minä tahdon vain tanssia

kultaisilla koroilla lasinsirpaleiden yllä

eikä minusta enää kukaan saa otetta

minä unohdun suuren untuvapeiton alle

ja olen

vähemmän kuin silloin kauan sitten

joulukuusen alla

olen täällä mutten
tässä

niin kuin eläin kuollessaan maantielle
vielä viimeisen kerran ennen iskua pelko välähtää sen silmissä

vauhti kiihtyy eikä minulla ole tappokatkaisijaa

ehkä minä en ole kovin taitava,
minulla ei nimittäin ole aavistustakaan

miten voi päästä ikävän yläpuolelle

jätin s-etukorttini pantiksi, että olet minua varten vielä silloinkin

laula minulle, västäräkki
kerro onko kotona jo lunta

kerro huutaako järvet jo kaipaustaan
västäräkki sinä olet aina vapaa

niin minäkin mutta sydämeni on raskas ja

minä unohdan

keinua

kun katse väistää
viime hetkellä

en enää uskalla kysyä
tuntuisiko se miltään

jos nyt suutelisin sinua

soutuveneellä

rakas tahdon paeta kanssasi
  souda lujempaa

ota kädestä

rakas tällä kertaa laitan kaiken peliin
  en enää päästä irti

minä rakastan sinua

                              (eikö se riitä?)

serkut

ne on kaksoiskuvia minusta

paitsi sirompia

niillä on tähtiä silmissä

ne on kauniita ja
niillä on aina uusia vaatteita

haluan palata vuosien taa

me ollaan koettu yhdessä kaikki

hengitä iholleni

tässä hetkessä on kaikki
ja silti se lipuu ohi

ja odotus
kun mitään ei

tapahtunutkaan

vain nukahtaa syliisi,
herätä vierestäsi

aamuihin jotka voisivat olla
lämpöä ja sinusta

tänään minä näen sinut
et ole voinut hyvin
ja minua hävettää
kun en ollutkaan tukenasi

nosta katseesi minuun rakas,
sillä sinä olet se syy

tänään se järvi tuntuu syvemmältä
se on lähempänä kuin koskaan ennen
ja se kutsuu minua
tuhansilla kielillä

ja niin minä ajan läpi usvaisten peltojen

ajan läpi sydänmaan
ohi hirvien jotka nukkuvat metsissä

klo 02.47

havahdun

tahtoisin pysäyttää auton ja kävellä yöhön

(olisin niillä festareilla tahtonut mennä kanssasi bajamajaan)

ja mieleni tekisi kertoa sinulle

mutta silloin pelkääjän paikalla sinä

pelkäisit vain enemmän

eilen sain maailman ihanimman tunteen

kun kaikki sulautui yhdeksi tulivat silmiini kyyneleet

ja tänään minä katselen vihkisormuksia

rakastat minua sittenkin

yksi ainoa onnen kyynel koko elämässäni

surusta valtameriä

sä olet kaikki, sä olet kaikki

ja äkkiä olen ylittänyt sen rajan,

jolloin entisestä voi päästää irti

otan vanhat valokuvat seiniltä pois

jolloin kaikki loksahtaa paikoilleen

ja kaikki mikä ei toiminut saa selityksen

ensimmäisen kerran laitan onnesi omani edelle

kun hetkessä tiedän että sinä olet elämäni mies

kun näen sinun hakevan lapset tarhasta

näen sinut vierelläni

oloni on tyyni ja rauhallinen, jollaista en ole kokenut ennen

enkä hätäänny etten saisikaan sinua

en pelkää että menetän sinut

sillä tiedän kaiken kulkevan omalla painollaan

ensimmäistä kertaa voin rakastaa kokonaan

sinussa on kaikki uutta

ja niin varmaa

kun ensimmäisen rakastelumme jälkeen

kerrot olevasi juuri oikeassa paikassa

minä sylissäsi, siellä missä pitääkin

minä murrun

ja

minä tiedän

sinussa on kaikki oikeaa

valkoinen paita ja kynsieni kärjet,

käteni olkapäälläsi

nahkainen rannekoru ja pronssiset reunukset

ruusu ja puisia helmiä

mitä se tarkoittaa kun sanot että haluat mut

mutta vain juuri ennen kuin vartalomme ovat yhtä

minä vastaan tykkääväni sinusta niin paljon

mutta niin paljon on sanoina sellainen

etten tiedä hymyilisitkö vai katsoisitko ohi

silmilläsi kauneimmilla

olet kaikki mitä ikinä etsin,

tahdon matkustaa kanssasi Intiaan

tahdon vain kulkea käsi sinun kädessä

vaikka meillä ei olisi suuntaa

tahdon herätä sinun vierestä

haluan olla sinun nainen

olisin aina ollut sinua varten

vaikken enää kaipaa sinun rakkautta

sanasi murtavat minut yhä

sanoit ettei tän pitänyt mennä näin,

kerro miten sen piti sitten mennä

virvatuli

jälkeesi ei mikään enää tunnu oikealta

ei samalta vaikkei niin pitäisikään

hiidenväki, kipinätär

auttakaa

sun yhä nään

sodankylä

katsoa taivaankannelle

he jotka jäivät tuntureille,
jäivät iäksi

kun sanot ettet voisi enempää vaatia tai toivoa

ja suutelet minua

ymmärrän että minun on päästettävä irti

sillä päivänkakkara valehteli minulle

edessäni routiva tie

vie kohti pohjoista

ja vaikka olet tuhannen kilometrin päässä

tennarin pohja ottaa vakaan kosketuksen

revontultentiehen

eikä päästäni poistu ajatus

päivänkakkara valehteli minulle

yöllä minä katselen lentoja Kittilään

siitä on vielä monen tunnin matka sinun luo

kaipaan tuntureille

kota

tunturien laella loputtoman kaunista

minä olen aivan hiljaa

revontulien alla silmät jotka leiskuvat lämpöä

haaveilen öistä jolloin olet aina vierellä

kotimme on hiljainen ja kaikki maailman turva on siellä

valo kuistilla

sinä suljet verhot ikkunoista

rakkaus saapuu hiljaa luokse

eri tavalla kuin milloinkaan ennen

ja aivan kuin kumpikin olisi sanomassa jotakin

ne sanat on huulillamme eikä niitä tarvitse sanoa

ja nämä tunteet on meissä

olen sanaton

sinä olet ajati turvani enkä olisi koskaan uskonut olevani tässä

mutta minä olin väärässä

kuinka väärässä voi ihminen olla

tahdot rakentaa talon kanssani,

tahdot rakentaa elämän

ja se kaikki tuntuu oikealta

eikä mikään enää ole vailla merkitystä

Lainaukset

Sivu 62 runon nimi lainaus kappaleesta "Sodankylä", sanoittaja Herra Ylppö v. 2004

Sivu 63 lainausmerkein merkitty lainaus kappaleesta "Sata Vuotta", sanoittaja Herra Ylppö v. 2008

Sivu 76 runon nimi lainaus kappaleesta "Nuori ja kaunis", sanoittaja Olavi Uusivirta v. 2011

Sivu 79 runon nimi lainaus, alkuperäinen esittäjä tuntematon

Sivu 86 lainausmerkein merkitty lainaus, alkuperäinen esittäjä tuntematon

Sivu 140 lainausmerkein merkitty lainaus, alkuperäinen esittäjä tuntematon

Sivu 183 lainausmerkein merkitty lainaus, alkuperäinen esittäjä tuntematon

Sivu 190 lainausmerkein merkitty lainaus Disney-sadusta Prinsessa Ruusunen, v. 1959

Sivu 216 runon ensimmäinen lause lainattu kappaleesta "Pahalta piilossa", sanoittaja Mikko Karjalainen v. 2011